Cristiane Andreia de Oliveira
Daniela Aparecida Ferreira Arfelli
Magnoseli do Nascimento Sena

Diálogos de Liberdade

Cristiane Andreia de Oliveira
Daniela Aparecida Ferreira Arfelli
Magnoseli do Nascimento Sena

Diálogos de Liberdade

A arte de Escrever

CREDO EDICIONES

Imprint

Cover image: www.ingimage.com

Publisher:
CREDO EDICIONES
ist ein Imprint der / is a trademark of
Dodo Books Indian Ocean Ltd. and OmniScriptum S.R.L publishing group

120 High Road, East Finchley, London, N2 9ED, United Kingdom
Str. Armeneasca 28/1, office 1, Chisinau MD-2012, Republic of Moldova, Europe
Printed at: see last page
ISBN: 978-613-5-60929-5

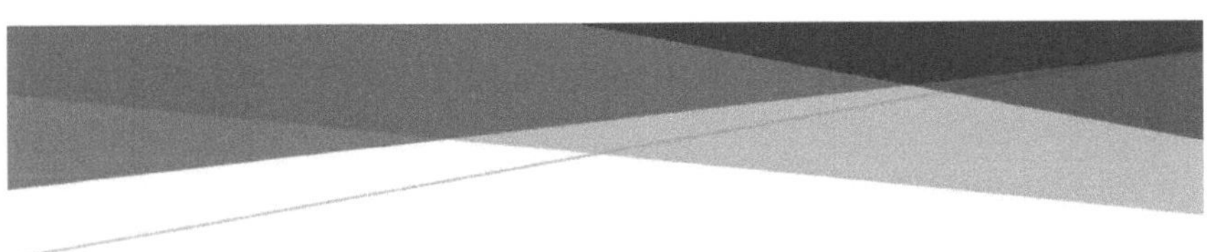

"Tenho medo de escrever. É tão perigoso. Quem tentou, sabe. Perigo de mexer no que está oculto - e o mundo não está à tona, está oculto em suas raízes submersas em profundidades do mar. Para escrever tenho que me colocar no vazio. Neste vazio é que existo intuitivamente. Mas é um vazio extremamente perigoso: dele arranco sangue. Sou um escritor que tem medo da cilada das palavras: as palavras que digo escondem outras - quais? Talvez as diga. Escrever é uma pedra lançada no fundo do poço". (LISPECTOR, 1999, p. 13).

Escrever é sentir. Fazer com palavras a arte da reflexão.

Daniela Arfellli

Ficha técnica:

Diálogos de Liberdade - A Arte de Escrever

Produção de textos de gêneros variados

Eletiva: Escritores da liberdade - 9º Ano A

Professora: Magnoseli do Nascimento Sena

Diagramação: Eduardo Ponciano dos S. Silva

Organização: Daniela Aparecida Ferreira Arfelli

Prefácio

Escrever é uma explosão de palavras, sentimentos e emoções. Escrevemos para exprimir ao mundo o que sentimos. O *livro Diálogos x liberdade - A arte de escrever* foi produzido por várias mãos: gestores, professores, convidados e estudantes do 9 ano A - dos Anos Finais, da E. E. Assentamento Santa Clara.

Costumo dizer que a escrita é um grito dos pensamentos. Quando escrevemos alimentamos nossa alma. Assim, com temática livre e diversidade de gêneros, educadores e adolescentes assentados e acampados, do município de Mirante do Paranapanema- SP registraram com voz de liberdade, várias produções: poemas, artigos de opinião, relatos de experiência, frases filosóficas, sob a mediação da gestão pedagógica e educadora Magnoseli do Nascimento Sena, do componente curricular *Eletiva Escritores da Liberdade.* Durante as aulas foram desenvolvidos muitos momentos de incentivo a arte de escrever. Os estudantes tiveram olhar poético, discurso argumentativo, além de narração de fatos vividos.

Enfatizo que escrever é metamorfose humana, é momento complexo e intenso. Quando escrevemos, fazemos referências a outras obras, dialogamos com outros textos. Assim, a intertextualidade acontece. Desse modo, é imprescindível que a escola possibilite condições para o desenvolvimento da escrita, como nos aponta Soares (2004, p.18) —[...] nosso problema não é apenas ensinar a ler e a escrever, mas é, também, e, sobretudo, levar os indivíduos – crianças e adultos – a fazer uso da leitura e da escrita, envolver-se em práticas sociais de leitura e de escrita. Ratifico que a escrita nesta Eletiva teve função social.

E, por fim, ressalto que a literatura nos "humaniza em sentido profundo, porque faz viver" (CANDIDO, 2013, p.175). Leia a obra e faça-se viver!

Abraços fraternos,

Daniela Arfelli[1]

[1]Coordenadora de gestão pedagógica da E.E. Assentamento Santa Clara

Sumário

Registrar nos humaniza

Zuleika Souza[2]

A paixão pela leitura e escrita nos dá oportunidades únicas.
Dar vida ao próprio texto é o primeiro passo de um escritor.
O conhecimento dos gêneros nos aproxima do estilo de escrita que queremos.
Isso se chama identidade escritora.

A escola forma leitores e escritores com a interação
Construindo "tijolo por tijolo"
Isso significa que o ato de escrever
Não é solitário e nunca será.

Escrever necessita de olhar poético
As sensações serão sempre diversas.
Diferentes públicos diferentes assuntos.
Amor, investigação, suspense, documentários históricos, biográficos...

Paulo Freire disse: "A leitura do mundo precede a leitura da palavra".
Quando penso em liberdade
Conhecer o mundo a nossa volta é a chave.

Isso se traduz em conhecimento
O conhecimento nos traz essa dádiva, que é ser livre para...

Somente a oralidade já não, nos basta.
Precisamos registrar!
Registrar nos humaniza
E de Certa forma eterniza o pensador.
Trazendo vida aos escritos
Narrando emoções e sentimentos, ora bons e ora ruins.

E a nossa história não será em vão.
Deixo aqui essas palavras para o livro "Diálogo de liberdade"
Com um conselho: que a leitura preceda sempre a palavra.

---

[2] Diretora escolar

Leitura e escrita: transform(ação)

Cristiane Oliveira[3]

Muitos são os benefícios que a leitura proporciona
Quanto mais livros eu leio, mais conhecimentos veem à tona.
Aprendi que a leitura aprimora a capacidade,
Melhora a interpretação e desenvolve a criatividade.

Toda vez que você lê, ganha junto um passaporte
Que te leva a viajar para o Sul ou para o Norte.
Não existe melhor companhia que um livro bem escrito
Com ele você conhece o Brasil, a Europa e o Egito.

A leitura nos permite compreender toda História
Pois nem tudo que acontece é guardado na memória
Mas, às vezes, é preciso ler além do texto.
É preciso compreender o que existe no contexto.

A escrita também é importante, tanto quanto a leitura,
Pois é um meio essencial de imortalizar nossa cultura.
Esses dois procedimentos estão diretamente relacionados
Só assim podemos ter conhecimentos perpetuados.

Escrever é um exercício que requer prática frequente
Que você só adquire por meio de leitura corrente
Hoje tenho discernimento e aprendi uma lição:
A cada livro que leio sofro uma transformação.

[3] Coordenadora de gestão pedagógica do Ensino Médio

Estudante protagonista ou antagonista?

Magnoseli Sena[4]

Olá, queridos estudantes! Antes de iniciar esse texto peço que parem um pouco para uma reflexão: Eu sou um estudante protagonista ou antagonista?

Agora, convido-os a penetrar no mundo dos educadores e só após isso responderão o questionamento.

Para iniciar nosso papo, pare e pense: Você, estudante, deseja ser professor?

Acredito que sua resposta foi negativa. Vamos mais adiante: Você gostaria de ter aulas com você, se fosse um professor? Difícil responder, não é?

A vida de um professor começa nas salas de uma universidade, para isso, deixamos os momentos de lazer com a família e amigos de lado, pois temos provas, trabalhos, aulas, prazos a serem cumpridos para finalmente alcançar nosso diploma. Após isso teremos descanso? E a resposta é: "não".

Após anos de dedicação na faculdade, chegou a hora de nos dedicarmos a profissão, isso inclui preparar aula, estudar, criar estratégias, desenvolver habilidades entre outras coisas. Bom, agora vou descansar certo? Errado, agora chegou o momento de aplicar seus conhecimentos em sala de aula, lembrando que, essa aula deve fazer sentido aos alunos, deve ser atrativa, bem explicada e facilitada para a compreensão dos mesmos. Visando todos esses conceitos, o professor anteriormente a sua aula, reflete como são os alunos que irá trabalhar, prepara a temática da aula, encontra uma maneira mais extrovertida para desenvolvê-la e apresenta aos alunos, nessa hora as expectativas do professor estão a mil, esperando que sua aula seja maravilhosa e o que acontece?

Nada, "nadica" de nada, somos na maioria das vezes recepcionados com desprezo, com falatórios e comentários como: "Ah, que aula chata", "Não quero fazer nada!", "Vish! Que professora chata."

Sim, isso é real e como reagimos? Como se tudo isso fosse normal, entramos na sala com um sorriso no rosto e continuamos com ele apresentando nossa aula, mesmo que por dentro nossa alma esteja se desfazendo aos poucos, sei que ao ler isso vocês irão dizer "ahhh, que dramática", mas, não é drama é realidade.

Todo professor se doa um pouquinho a cada dia para que as vidas de vocês façam sentido, e a única coisa que precisam fazer é ter empatia pelo outro, pensem que tipo de pessoas estão se tornando? Que caminhos estão traçando na vida? Caminhos esses que vão trilhar seu futuro. Partindo dessa visão, seu caminho é de luz ou escuridão? E pensem tudo que preparamos é necessário para seu desenvolvimento profissional e pessoal. E antes que digam que você não pretende ser nada na vida, isso com certeza é mentira, pois no fundo você

[4] Educadora dos componentes de Língua Portuguesa e Inglesa da Unidade Escolar.

almeja realizar um sonho e lembre-se a realização desse sonho só depende unicamente de você.

Agora, que leu todas essas palavras, responda: Eu sou um estudante protagonista ou antagonista?

O que somos

Mariana Paula dos Santos[5]

As pessoas são como folhas em branco
Esperando para serem escritas
Umas danificadas, devido ao vento que as assopram.
Outras tentando existir
Para poder escrever seus destinos
E fazer sua história.

Em pequenos traços, pontos e rabiscos
Recria-se o destino.
Às vezes, pode ser borrado ou no rascunho.
Sempre traçamos um desenho
Que ressurge mesmo não sendo o esperado.

Nossa vida deve ser vivida como uma obra de arte:
Fazemos o nosso desenho,
O nosso destino
E, assim aceitamos o que somos.

[5] Estudante do 9º ano A

Autoconfiança

Lidiane Lopes da Silva[6]

Você é a única com o poder de mudar isso, não adianta nada eu estar aqui "tacando" na sua cara que você só sofre por causa da aparência, por causa do seu pensamento, sendo que nada que eu falar mudará seu eu, a única com o poder de mudar o seu pensamento sobre si mesma, é você.

Não vamos nos apegar ao passado...

Por que me mandam voltar a ser como eu era antes? Não quero voltar a ser daquele jeito, quero ser ainda melhor do que fui, e não é voltando ao passado que isso acontecerá.

Por isso, assuma seu eu, eu simplesmente não vou desistir até viver a vida que eu quero.

[6] Estudante do 9º ano A

Borboletas vão embora

Maria Clara Cabral Francisco[7]

Do mesmo jeito que minhas borboletas nasceram por você,
Elas morrem e vão embora de forma mais triste.

Eu tentei salvá-las, mas já era tarde demais.
Então apenas deixei ir.

Vem ai uma nova história,
Uma nova fase,
Um novo amor,
Novas decepções,
Novas flores.

[7] Estudante do 9º ano A

Da rosa ao cinza

Mayla Maria Pôrto Rocha[8]

Eu, já, vi o mundo ficar todo rosa.
Quando seu olhar me lançava.
Eu me balançava no corrimão da escada,
Esperando, sempre, a sua chegada.

Mas, agora, que você não está mais a me olhar,
Eu me vejo cinza.

Tenho, apenas, as lembranças do lindo rosa que sobraram!
Desejo que você volte a me olhar,
Todavia, sei que você não irá,
Pois almeja um outro olhar,
Eu fico cinza a te esperar...

---

[8] Estudante da 3ª série do Ensino Médio.

Minha trajetória na educação

Cristiane Oliveira[9]

Hoje com trinta e nove anos, posso dizer com muita certeza: estudar é importante e ler é essencial para nosso desenvolvimento intelectual. Assim como todo adolescente, jovem, já ouvi as tão ditas frases: "Você precisa ler!" "Leia mais!" "Estude bastante para passar no vestibular, não esqueça que uma boa redação faz toda diferença no resultado final"! "Leia este livro, pois cai em concurso!"

A princípio como boa parte dos estudantes, aquelas frases imperativas apenas me transmitiam imposições culturais, sociais e educacionais que todos os pais, adultos e professores declaram aos jovens.

O tempo foi passando, as recomendações continuaram e a cada dia fui refletindo e constatando que de fato, a leitura abre portas.

Realmente, além estimular o raciocínio, a leitura aprimora nossa capacidade de interpretação, desenvolve a comunicação, o senso crítico, além de ampliar nosso vocabulário e nossa habilidade na escrita.

Foi através de muito estudo que iniciei minha trajetória na educação. Passei no processo seletivo para o Curso de Formação e Aperfeiçoamento do Magistério – CEFAM e dia após dia, fui me identificando com o curso.

Nunca fui aluna destaque, nenhuma nerd, mas me planejava, organizava meus estudos, realizava produções escritas, mas confesso que na época tinha certa dificuldade para me expressar através da escrita, porém nunca deixei de escrever, pois sabia que a prática aprimora os nossos resultados.

Ao concluir o magistério, meu propósito foi dar continuidade aos estudos, mobilizar meus conhecimentos, planejar estratégias de estudos e colocar em prática as habilidades que fui adquirindo, para alcançar meu novo objetivo.

Iniciei minha primeira Graduação e durante todo o curso não foi diferente: a leitura era indispensável e fazia toda diferença nas avaliações, realização de trabalhos, apresentações de seminários. E agora eu tinha mais um desafio para enfrentar paralelamente aos estudos. Como já havia concluído o Magistério, comecei a trabalhar como professora de Educação Infantil. Em nenhum momento titubeei ou pensei em desistir, pelo contrário, me empenhava cada vez mais nos estudos e no meu trabalho, no qual, tinha que preparar aulas, participar de reuniões, realizar relatórios pedagógicos o que também requeria muito estudo.

Resolvi realizar a segunda Graduação na área da educação o que novamente me exigiu muita dedicação.

Como a vida é feita de desafios e eu os adoro, iniciei minha maratona de realizar processos seletivos, concursos e mais uma vez a importância de se ter uma rotina de estudos foi confirmada, a concorrência é grande e é preciso fazer a diferença para destacar-se!

---

[9] CGP do Ensino Médio.

Como disse, não sou uma inteligente nata, mas me dispus a dar o meu melhor, a estudar com muita dedicação e empenho. Estabelecia metas diárias de estudos, lia, realizava pesquisas, fazia anotações e produções escritas de acordo com as temáticas abordadas nos editais dos concursos.

Há mais ou menos vinte anos trabalho na Área da Educação. Conquistei minha estabilidade, adquiri experiência, desenvolvi habilidades, competências, mas nunca deixei de buscar novos conhecimentos. Prossigo estudando, concluindo minha segunda pós-graduação, além dos cursos de formação continuada que realizo regularmente. Leio o que é necessário para minha formação, leio por indicação e leio por prazer!

Ampliei meu olhar sobre diferentes assuntos, o que me permite refletir, opinar e posicionar-me em conversas, debates e quando preciso dissertar sobre temas de diferentes áreas do conhecimento.

Continuarei estudando, praticando a leitura e a escrita, diariamente, pois a aprendizagem é contínua e o conhecimento é inesgotável.

O Sentido da vida

Edimar Francisco de Oliveira[10]

Em uma bela manhã, logo ao romper da aurora, seguia para mais um dia de trabalho, e pensando no trajeto: "qual é o sentido da vida?" Somos todos iguais: na chegada e na partida, no encontro e despedida da jornada pela vida. Sentimento incomum, somos partes de um só, no sentido de viver. É tão difícil nos aproximarmos, cabe, somente, a nós querermos mudar. O amor está no ar. O amor não precisa ser perfeito. Ele só precisa ser verdadeiro.

Então, veio à mente que: se um avião estiver prestes a cair, tendo apenas você e outra pessoa qualquer, com um único paraquedas, logicamente que você vai querer se salvar. Isso é a vida. Você não quer ir. Agora, se no caso estiver com um filho seu ao lado. Você vai entregar o para – quedas para ele. Isso é amor.

Quando a gente perde o que realmente importa, passamos a entender que, a roupa a gente troca, um carro a gente troca, uma casa também trocamos, mas um filho, uma mãe, um pai são insubstituíveis, e quando se vai, não conseguirá mais mandar mensagem, ligar e fazer chamadas de vídeo. O que vai ficar será o que plantamos e fazemos de bom para o outro aqui na terra. A saudade dói, machuca, então: faça hoje, não espere pelo amanhã.

---

[10] Professor de Filosofia e Sociologia da E.E. Assentamento Santa Clara

Reflexões para a vida

Cristiane Oliveira

Como já dizia Manoel de Barros, em uma de suas publicações: "O tempo só anda de ida". Por isso, não viva de passado!

Hoje, depois de quatro décadas vividas, sei que a melhor fase de nossas vidas é o presente, pois é a única que temos!

Não viva remoendo passado, pois você não conseguirá alterá-lo, faça de seus equívocos, ou pelo menos o que você julga terem sido equívocos, aprendizagens. Se seus erros cometidos hoje, não são os mesmos do passado, saiba que você evoluiu.

A vida não nos permite rascunha. Não teremos tempo de passar a limpo, por isso, dê o seu melhor em tudo que for fazer, cada tentativa é uma oportunidade de evoluir!

Nossas "verdades" mudam! Permita-se ouvir, aceitar, ampliar seus conhecimentos! Mudar nem sempre é fácil, mas é necessário!

Assim, como não temos tempo de viver de passado, não podemos ficar projetando um futuro fantástico!

Claro, eu sei! Todos nós temos sonhos, almejamos algo, mas lembre-se sempre: Sonho sem planejamento vai continuar sendo sonho! Para conquistarmos o que queremos temos que construir dia após dia, o quanto antes. Penso que o prazer está no processo e não no resultado. Não viva com pensamentos no futuro, não sofra por antecedência. Não pense demais em algo que ainda irá acontecer, pode ser que nem aconteça.

A vida é o que fazemos hoje, as oportunidades que aproveitamos, as pessoas que amamos, as viagens que fazemos, os livros que lemos e conhecimentos que adquirimos. Permita-se e evolua!

Dança e Bolero

Ana Clara Gazola[11]

Tínhamos um casal de cachorro que se chamava Dança e Bolero, éramos muito apegados aos dois, eles eram nossos companheiros nos seguiam para todos os lugares, adoravam dormir embaixo das sombras de pés de cafés enquanto trabalhávamos por ali.

Chegado o mês de agosto de 1970 eles desapareceram, logo todos nos juntamos para procurá-los, caçamos por todos os cantos, porém não achamos em lugar nenhum, meus irmãos mais velhos decidiram parar de procurá-los, porque provavelmente haviam se perdido no meio da mata que tinha perto de casa.

Passados sete dias do desaparecimento, estávamos em volta de uma fogueira escutando histórias de nossos pais como costumávamos fazer todos os dias, quando escutamos muitos latidos estranho, meu pai olhou e gritou para corrermos para dentro de casa, pois Dança e Bolero vinham correndo loucos em nossa direção, trancamos as portas e janelas e eles corriam loucos em volta de casa, meu pai com muita dó e dor no coração teve que pegar sua espingarda e sacrifica-los porque estavam loucos.

[11] Estudante do 9º ano A

Viver a vida

Bruno Henrique da Silva[12]

"A vida é muito curta para ser desperdiçada. O mundo necessita de mais luta e menos vitimismo. É enfrentando cada desafio que alcançaremos crescimento.

Só depende de você: vai viver como uma ovelha ou vai lutar como um leão?"

[12] Estudante do 9º ano A

O Acidente

Emilly Victória Alves dos Santos[13]

No final de semana, eu fui passar a tarde na casa da minha tia, eu passei a tarde toda brincando com meus primos. Quando chegou a noite, meus tios resolveram levar eu e meus primos para comer lanche lá na cidade. Assim que a gente chegou na lanchonete, meus tios pediram o lanche e ficamos das 22:00 até as 2:00 da madrugada, foi então que resolvemos ir embora.

Meu tio foi dirigindo, minha tia dormindo no banco do passageiro, eu e meu primo estávamos dormindo também, e eu estava apoiada no ombro da minha prima. Minha prima estava mexendo no celular, foi então que meu tio dormiu no volante acabamos perdendo o controle do carro, nesse momento o carro capotou e ficou pendurado numa árvore de uma ribanceira quase caindo só tinha a árvore segurando nosso carro nessa hora. Para ajudar, nenhuma porta do carro estava abrindo, sorte que minha prima forçou a porta do lado dela e abriu e conseguimos sair. Então eu e meu primo corremos na casa do meu outro tio que morava próximo dali para pedir ajuda.

Assim, nosso tio foi ajudar a gente, quando chegamos no local já tinha uns amigos do meu tio ajudando. Eles conseguiram tirar o carro que estava pendurado, todos conseguiram sair bem dessa enrascada e voltamos para casa todos sem ferimentos graças a Deus.

[13] Estudante do 9º ano A

Obstáculos da vida

Emily Beatriz Roefero Santos[14]

A vida é cheia de obstáculos
Quando pensamos que estamos lá em cima
Estamos lá em baixo.
Mas, a vida é assim:
Horas boas, horas ruins
Devemos nos acostumar
Porque lá na frente
Tem alguém a nos esperar.

A vida é como um trem
Vai passando por vários caminhos
Um dia ele para em um lugar qualquer
E descobrimos que é nosso destino final

[14] Estudante do 9º ano A

Meus sonhos

Giovanna Santana Machado[15]

Eu sou uma garota que adora ler livros, muito espontânea e divertida. Amo arrancar sorrisos das pessoas com meu jeito extrovertido. Gosto de ler livros e sou muito dedicada no que faço.

Atualmente, tenho 14 anos, moro com meus pais e ajudo minha mãe com os serviços de casa. Meu sonho é me formar em medicina veterinária ou se não der certo gostaria de tentar agronomia ou agropecuária. Sou completamente apaixonada nesses dois ramos, principalmente medicina veterinária, pois adoro animais.

Cachorros, gatos, são meus animais favoritos. Gosto também de grandes portes como: cavalos e bovinos.

Minha meta é me esforçar muito nos estudos e na carreira profissional. Quero muito conquistar meus sonhos.

É isso, pretendo ter minha família, minha casa própria, minha caminhonete e ter do meu lado as pessoas que mais amo e admiro, sendo elas: meus pais, meus irmãos, entre outros...

[15] Estudante do 9º ano A

Ser feliz

Kaique da Silva Godim[16]

Sempre tento ser feliz.

Fazer o bem ao próximo

Procuro também me esforçar todos os dias

Porque não espero o futuro mudar

Pois, o futuro é consequências dos meus atos

E só eu posso construir um futuro melhor

[16] Estudante do 9º ano A

Minha visão como aluno

Kenedy Luiz Casarotti Fernandes[17]

Eu gosto muito de estar na escola, é divertido, vejo meus colegas, converso, brinco, "zoo", e, tudo mais.

Não gosto de alguns componentes curriculares, porque os professores pedem trabalhos para serem feitos em casa. Em casa é o lugar que quero ficar de boa. Tenho muita preguiça de realizar os trabalhos. Na maioria das vezes, eu esqueço de realizá-los.

O meu outro eu, não acha os professores chatos, mas é a matéria que eles passam que não me agradam.

Portanto, gosto de estar na escola, mas não gosto de fazer as atividades. Eu me divirto...

[17] Estudante do 9º ano A

Minhas recordações

Layra Bianca Gonçalves da Silva[18]

Eu sou Layra Bianca, tenho quatorze anos. Moro no assentamento Che Guevara, desde quando eu tinha entre 5 ou 6 anos. Vivo com meus avós maternos desde quando nasci. Quando era pequena minha mãe Arlene também morava conosco lá em Colorado – Paraná. Não me lembro muita da minha infância.

Hoje, na minha adolescência procuro entender mais sobre a minha vida. Ora fico preocupada, ora me sinto feliz. É uma mistura de sentimentos.

Alguns dos meus sonhos são: me formar em medicina veterinária, ter minha casa própria, ser independente.

Gosto da vida do campo, porém não gosto de viver aqui neste assentamento. Quero voltar a viver em Colorado. Tenho muitas recordações do tempo em que era criança, me sentia bem feliz, não sei porque eu era pequena, mas era um tempo muito bom.

Eu me divirto quando venho à escola. Vejo meus amigos. Gosto muito de andar a cavalo. Sonho muito, muito...

[18] Estudante do 9º ano A

Como levar a vida?[19]

Lucas Oliveira Rocha

Para que levar a vida tão a sério?

Se ela é uma constante aventura

Na qual nunca sairemos vivos dela.

---

[19] Estudante do 9º ano A

Um bom ensinamento

Luiz Felipe Rocha dos Santos Antero[20]

Cada dia que passa pode não ser o melhor, mas pode ser um bom ensinamento para a nossa vida. Por isso, aprenda com os seus erros e não deixe os problemas o abater, viva o hoje com a esperança, amanhã será um dia melhor.

---

[20] Estudante do 9º ano A

Faça florescer

Maria Clara Cabral Francisco[21]

Você sabia qual é a segunda doença que mais mata crianças e adolescentes no Brasil? De acordo com o Instituto Nacional do Câncer-INCA, mais de 2704 são mortos por ano no nosso país. Destaca-se, que os pais devem ficar atentos aos sinais e sintomas do câncer infantojuvenil como: pequenos caroços, manchas, dores de cabeça, dores nos ossos, enjoos, entre outros.

É fundamental que o encaminhamento seja feito o mais rápido para centros especializados de oncologia pediátrica. Temos como referência na América Latina, o hospital Santa Marcelina de São Paulo, Itaquera. Vale ressaltar que, na maioria das vezes, a manifestação da doença não está ligada a problemas ambientais e aspectos de qualidade de vida, mas as alterações genéticas, podendo ser adquiridos já no nosso processo intrauterino. E a pergunta é, como essa doença pode ser tratada?

Reafirmo, portanto, a importância do diagnóstico precoce e o encaminhamento das crianças e adolescentes a centro de oncologia pediátrica. Cabe as secretarias de saúde promover mais campanhas permanentes para a prevenção contra o câncer infantojuvenil. Assim, haverá chance de viver. É preciso que a vida floresça novamente.

[21] Estudante do 9º ano A

Metáforas dos sentimentos

Mariana Paula Dos Santos[22]

Os sentimentos são como as estações do ano
No verão: lindo, quente e divertido
Na primavera: mágico e florido
No outono: difícil de decifrar
No inverno: Congelante e sombrio.

Sentimentos são como as ondas do mar,
Difícil de se controlar
Cada pessoa escolhe a estação
Na qual se quer demonstrar
Às vezes, queremos prendê-los
Igual ao pássaro solitário,
Mas temos que saber
Que uma hora ele se libertará.

[22] Estudante do 9º ano A

Viver, sentir e tratar

Mariana Paula Dos Santos[23]

Muitas crianças e adolescentes estão sendo diagnosticados por câncer de 1 a 19 anos. No Brasil, segundo o Instituto Nacional do Câncer- INCA, são mais de 12 mil anualmente.

Destaca-se que há várias redes que disponibilizam formas de tratamento, como por exemplo, o Centro Infantil Boldrini, localizado em Campinas, São Paulo, referência na América Latina em oncologia pediátrica. Vale ressaltar também, a importância dos pais e responsáveis ficarem atentos aos sinais e sintomas da doença, como: palidez, caroços, tonturas, entre outros; pois ao ser tratados no início do desenvolvimento, as chances de ser curado, aumenta cerca de 64%.

Em vista disso, o diagnóstico precoce do câncer infantil, contribui muito para a cura, além da importância do encaminhamento dos pacientes a centros de tratamentos especializados para a oncologia pediátrica. Sendo assim, a orientação e a prevenção são de grande valia pela secretaria da saúde, através de campanhas. Vamos todos viver, sentir e tratar!

[23] Estudante do 9º ano A

O que gosto

Matheus Guilherme Custódio Ferreira[24]

Eu sou um garoto com 14 anos, que ama jornalismo esportivo e também videogame.

Gosto muito de esportes, como: basquete e futebol. Amo histórias, principalmente de guerras e de futebol. Divirto-me também em acompanhar jogos.

Umas das minhas vontades é fazer faculdade de jornalismo de esportes, pois sempre foi alguns dos meus maiores sonhos.

[24] Estudante do 9º ano A

Minha vida[25]

Mateus Mantovani

Eu sou Mateus Mantovani. Tenho quatorze anos. Moro no Assentamento Che Guevara, também denominado Assentamento Santa Clara, com meus avós paternos Quitéria e João, desde quando tinha quatro anos. Eu escolhi morar com meus avós após a separação de meus pais.

Estudo e me divirto muito jogando bola, conversando com meus amigos. Meu maior sonho é construir uma família, conquistar minha casa e me formar em Direito ou medicina veterinária. Gosto muito de leis e de animais.

Para mim, a adolescência é uma fase boa, tenho muitos amigos e bom relacionamento com minha família.

Finalizo, deixando uma mensagem: "nunca desista dos seus sonhos porque eles só dependem de você".

[25] Estudante do 9º ano A

Praia de Mongaguá

Stefany Caroline Rocha Da Silva[26]

Em 2016, eu fui para praia de Mongaguá SP. Eu e minha família fomos de ônibus, passamos uma noite inteira viajando. Quando chegamos no nosso destino, já fomos, rapidamente, para os quartos nos arrumar para ir à praia.

Ao chegamos na praia, o dia estava tão lindo e o mar estava calmo. Todo mundo aproveitando, eu e meus primos fizemos castelos de areia e até nos enterramos na areia. Passamos quase o dia inteiro na praia. Ao anoitecer fomos para o parque de diversões. Lá tinha muitos brinquedos legais, como: montanha russa, carrinho bate-bate, roda gigante, entre outros. Nos divertimos bastante no parque também. Fizemos várias amizades em Mongaguá, com várias pessoas legais, que eu quero encontrar de novo.

[26] Estudante do 9º ano A

Minha biografia

Vinícius Ricardo de Oliveira dos Santos[27]

Eu sou Vinícius Ricardo de Oliveira dos Santos, tenho 14 anos, moro no Assentamento Santa Clara, lote 24, município de Mirante do Paranapanema- SP. Gosto de jogar bola, videogame, laçar team roping (evento de rodeio que apresenta bois e dois cavaleiros para laçar).

Minha vida no campo é trabalhar muito, faço comida para o gado, cuido dos animais, ajudo muito meus pais.

Gosto de viver no campo, pois me sinto mais livre.

Nos estudos acredito que tenho que melhorar muito, quero mais desempenho nas minhas notas. Melhorar meus conhecimento, meu vocabulário.

Eu gosto muito de ler. O último livro que li foi Alexandre e outros heróis, de Graciliano Ramos, que conta em três partes a história de Alexandre e outros heróis.

Seja livre! Curta a sua vida!

[27] Estudante do 9º ano A

Estrelinha brilhante no céu

Yhasmin Frizela Santana Oliveira[28]

Quando amamos alguém, temos que demonstrar o quanto essa pessoa é importante para nós, pois quando a perdemos, ela vira uma estrelinha brilhante no céu, e o que resta é apenas saudades e lembranças. Então, aproveite, demonstre, dê carinho e amor, pois no fim suas lágrimas não trarão a pessoa de volta.

[28] Estudante do 9º ano A

Colaborando com o desenvolvimento da leitura na escola

Rita Regina Barbosa[29]

Confesso que trabalhar como professora da Sala de leitura é um desafio. No início fiquei preocupada em desenvolver os projetos de leitura com os estudantes. Já havia lido os clássicos, mas não tinha me atentado a fazer toda a contextualização. Sendo assim, o trabalho com a leitura tem despertado muita dedicação, a cada dia.

A leitura, para mim, é muito importante em nossas vidas. Como professora da Sala de leitura tenho articulado meu trabalho com os professores de Língua Portuguesa da escola, solicitado parceria nas dramatizações e desenvolvimento de encenações teatrais com a colaboração da professora do componente de História, Maria Aparecida Lifante, sendo coparceira para os professores dos Anos Iniciais e dos demais componentes curriculares.

Destaco também que, especificamente neste ano, tenho desenvolvido muito as competências socioemocionais: empatia, tolerância à frustração e estresse, bem como, o respeito às diferenças e as concepções dos educadores e estudantes.

Destaco também minha colaboração no desenvolvimento do Plano de Melhoria de resultado - MMR com ênfase na realização de projetos para melhoria do baixo rendimento em Língua Portuguesa, nos segmentos dos Anos Iniciais, Anos Finais e Ensino Médio. Realizo troca de livros, leitura programada, projetos para melhoria da fluência leitora e compreensiva, com foco nas temáticas de conscientização (Maria da Penha, Setembro Amarelo, Gravidez na Adolescência) e datas comemorativas (Consciência Negra, folclore, por exemplo); Atuo no desenvolvimento do teatro de leitores, Sarau de poesia, Encontro com escritores da região e chá literário.

---

[29] Professora da Sala de Leitura da E.E. Assentamento Santa Clara.

Tristeza de verão

Mayla Maria Pôrto Rocha[30]

Aquele verão em que o sol poente
coloria o céu de amarelo dourado
E laranja brilhante
você estava ao meu lado.

Mas, agora que o outono frio e monótono chega
Junto da minha tristeza.
Você levou a beleza.

Mas, saiba: minha grande tristeza.
Sempre será meu melhor verão,
Estará em meu coração,
meu belo amor de verão.

[30] Estudante da 3ª série do Ensino Médio

O sequestro

Cíntia Guidorizzi[31]

Março de dois mil e seis, a cidade estava em festa, todos reunidos em um só lugar, o recinto de rodeio. Menos Cecília, diagnosticada com amigdalite crónica, encontrava-se internada. Não existia WhatsApp, mas pudera interagir com suas amigas por mensagens de texto. Cecília estava no auge dos seus vinte anos e ficou inconformada ao ouvir de seu otorrino que teria que ser internada justamente no mesmo dia em que começara o evento mais esperado por todos os habitantes de sua cidade. Em consulta, o médico simplesmente preencheu uma receita, levantou-se e entregou a Cecília que estava acompanhada por sua mãe e disse: "- nos encontramos em uma hora no hospital, você ficará pelo menos três dias tomando a medicação endovenosa".

Cecília relata que até hoje se recorda da cena e de todos os pensamentos que vieram a sua mente naquele momento, mas, a dor falou mais alto e mais que prontamente já foi trabalhando o seu psicológico pensando que esses três dias ou mais tiraria para descansar e ler. Cecília sempre teve o costume de tentar tirar pontos positivos das "desgrameiras" que a cercava. Cecília passou em casa, pegou roupas, produtos de higiene pessoal, livros, e claro, muitas caixinhas de achocolatados, porque embora não conseguisse mastigar nada, o medo de ficar com fome a atormentava. Cecília foi internada com sucesso, seu médico explicou tudo aos demais e foi embora, assim como a mãe de Cecília. Cecília, então só, literalmente trabalhou a sua mente pensando em que estivesse em um belíssimo resort, e os cochilos começaram (devido a medicação), entre um cochilo e outro, lia, jogava o jogo da cobrinha no celular, pensava na vida e sempre que começava a pensar na vida, achava melhor voltar a ler.

Aparentemente, a jovem era a única hospitalizada, em datas comemorativas as pessoas não sentem dor... Na primeira troca de turno, Cecília notou que alguns profissionais da saúde se sentiram curiosos a saber quem estava internada em pleno rodeio, e alguns desavisados ainda questionavam: "ela está tomando glicose?!?". Cecília teve uma péssima noite no tal resort e já acordou com a sensação de que tivera sido atropelada, observou que o soro não estava "correndo" e aguardou ansiosamente para ver alguma alma passando pelo corredor para pedir ajuda. Eis que quando ela estava mais irritada que o normal, passa um

[31] Coordenadora de gestão escolar da E.E. Assentamento Santa Clara

homem e ela o chama: "-se moço, me ajuda!". Com toda a calma do mundo adentrou esse homem todo simpático, e quanto mais ele era simpático, mais Cecília se irritava. Já disse que ele era a calma em pessoa?!?! Pois bem, ele olhou a medicação, olhou para Cecília, algo apitou, ele balançou a cabeça e quando estava quase saindo, Cecília mais brava que tudo perguntou:-"oxi, não vai fazer nada?!" Ele apenas disse que pediria ao enfermeiro para voltar ao quarto, pois teria que atender a uma emergência".

Cecília se levantou na força do ódio, saiu se batendo com o suporte do soro até ao banheiro, viu o quanto estava horrível, tentou se ajeitar para a sua própria autoestima, tomou seu achocolatado e sentou-se confortavelmente em sua cama de resort e retomou sua leitura e quando já havia lido uns dez capítulos e o enfermeiro chegou e ajeitou tudo, disse que o doutor tinha falado para ele ir ao quarto, mas devido uma emergência todos acabaram ficando bem ocupados. Bem, medicação ok, soro vai, soro vem, cochila um pouco, troca mensagens com as amigas, cochila mais um pouco e de repente, ao abrir os olhos, Cecília depara-se com o médico de plantão (o mesmo que começou a ver a medicação e teve que sair) sentadinho em seu quarto. Cecília, que já tem os olhos arregalados, os sentiu praticamente pulando de tanto susto. O médico, pediu desculpa pelo o corrido, se apresentou e tentou puxar conversa, mas percebeu que Cecília não estava muito simpática e muito menos aberta a novas amizades e teve a atitude sensata de deixá-la descansar.

Já repararam como as noites são longas quando não estamos confortáveis?!? Como tudo se torna barulhento?!?! Em um de seus cochilos, ela escuta vozes em seu quarto, era o seu otorrino e o plantonista analisando os exames de sangue. Mais uma vez o otorrino foi embora e o plantonista permaneceu. Cecília, achou estranho e o questionou se ele também não iria e com o todos os dentes aparecendo, ele respondeu que seu plantão era de quarenta e oito horas.

Cecília que já se encontrava bem melhor, começou a interagir e só parava para cochilar. O hospital começou a ficar mais movimentado, glicoses precisavam ser aplicadas e acidentes começaram devido a festa que acolhia toda a região. Cecília começou a ter atendimento VIP em sua estadia no mais belo resort de sua cidade e foi se distraindo com os torpedos recebidos. Muitas horas de internação (Cecília) e trabalho (plantonista) se passaram, até que o plantonista que não era da cidade foi até ao quarto desejar-lhe melhoras e despedir-se. Muitas coisas foram ditas, mas Cecília pensou que tudo não passasse de um caso interessante e tentou não focar, pois o que mais queria mesmo era receber alta. Os resultados

dos exames estavam ótimos e Cecília pode descansar no conforto do seu lar e seguir a sua rotina de vida.

O fato mais interessante é que os torpedos continuaram e Cecília e o plantonista começaram a se falar por longas horas todos os dias e se encontrar também. Tudo parecia tão fofo, que Cecília por mais que tivesse o tal do pé atrás estava se sentindo bem, o papo era cabeça, tinham os mesmos desejos. E assim ficaram por alguns meses, até que do nada, simplesmente do nada mesmo, o tijolinho de Cecília não recebera mais nenhum torpedo ou ligação. Cecília, por mais que tenha tentado não se envolver acabou ficando chateada e completamente sem entender o que tinha acontecido.

Alguns muitos dias se passaram e Cecília é surpreendida por uma enfermeira que morava na mesma rua que a sua batendo palma e pedindo para falar com ela. Cecília, prontamente a atendeu. A enfermeira disse que estava saindo de um plantão onde aquele mesmo plantonista (sim, o que deixou Cecília no vácuo) também estava e perguntou a todos que estavam no plantão se conheciam a Cecília, que é assim , assim, assado, que trabalha em tal lugar... foi onde a enfermeira disse que morava na mesma rua. Cecília lembra perfeitamente da cena, a enfermeira entrou, sentou e começou dizendo: "-Cecília, você vai achar muito estranho, mas o Dr. ... foi sequestrado, roubado e perdeu o seu número e assim que ele chegou a primeira coisa que ele fez foi procurar o seu número no prontuário, mas pelo visto mudou e ele quer muito falar com você e te explicar exatamente o que aconteceu, mas também disse que vai entender caso não queira passar seu novo número." Cecília, sentava estava, sentava permaneceu, sua alma saiu e voltou para o corpo inúmeras vezes em questão de segundos, e sim, tudo fazia sentido, foi noticiado que um jovem fazendeiro de uma cidade próxima havia sido sequestrado, mas passou batido. Cecília, passou o novo número e assim que a enfermeira foi embora, imediatamente o tijolinho começou a tocar. Cecília ainda pasmem, atendeu, e sim era ele, pedindo milhões de desculpas e pedindo para vê-la. Cecília agradeceu imensamente a ligação e não teve coragem de aceitar o convite para vê-lo. As mensagens continuaram, não mais frequentes, mas continuaram, até que semanas depois, Cecília tivera que acompanhar sua mãe ao hospital, ainda na sala de espera, Cecília reconheceu a voz do Dr. Sim, era o Sequestrado e quando já estava se levantando para fugir da cena (com o consentimento de sua mãe), ele apareceu na porta, todo vermelho e com a voz trêmula, chamando pela a mãe de Cecília. Consulta realizada, excelente profissional, todos se despedem e o Dr. ... acompanha Cecília e pede para ela aguardar só mais um pouco, pois queria muito conversar.

Cecília, que se tremia todinha de tão nervosa, ouviu e viu toda a sinceridade emanada naquela tão confusa explicação, e por fim, o Dr. ... relatou que devido o acontecido, ficou umas semanas na casa da mãe, se recuperando do susto e que acabou se reaproximando do seu amor de infância, e que conforme Cecília não estava mais interagindo, resolveu dar uma chance ao passado. Ambos desejaram um ao outro sucesso, felicidade, e seguiram suas vidas, e ainda se encontraram esporadicamente, na praça de alimentação do shopping, loja de roupas country... mas sempre com todo o respeito do mundo. Notável o desconforto de ambos.

Morte

Maria Claudia Lourenço[32]

Por que morremos?
Por que tudo passa?
Por que tanta pressa
para sair dessa?

A coisa mais certa
Que ela chegará para todos.
Todos temos nossa vez
E não temos como viver outra vez.

Estamos em uma viagem
Que passa muito rápido
Viva a vida como presente
Pois, tudo pode acabar de repente.

Quando isso acontece
O adeus é para sempre
Por isso vivemos com alegria
Amando todos perto de nós
Pois não sabemos o que virá após.

[32] Professora de Ciências da natureza da E.E. Assentamento Santa Clara

Morro de Deus, lendas do diabo

Guariba[33]

Dona arara e seu tucano, tá na cidade voando, procurando o que bicar.
Sete copas, Ingá, goiaba, Jatobá, jabuticaba, lá na mata, já não há.
Pesquisam pelos e penas,
Arrancam folhas e frutos,
Coletam sangue, sêmen e sementes
Obras gerações do futuro.
Eu vi, cê viu? Copaíba sangrando na mata.
Eu vi, cê viu? um drone revoando entre a passarada.
Eu vi, cê viu? araponga e jacutinga vivendo nas praças.
Eu vi, cê viu? capivara e jacarés nas águas do chafariz.
Eu vi, cê viu? Uma antena e um chip em cada bicho infeliz.
Eu vi, cê viu? Nossa genética, no hidrogênio do banco do mundo.
Eu vi, cê viu? ..

[33] Poeta e compositor teodorense

Ela é mulher

Camila Santana[34]

Não foi pintada por nenhum artista,
Pois já era obra-prima.

Ela é inspiração.
Incrível como os filmes.
Mulher forte e de ação.

Ela é rosa,
Linda, doce e amorosa,
Porém com espinhos de outrora.

Ela é Ela,
Sinônimo de força
E a definição de beleza.

[34] Estudante da 2ª série do Ensino Médio

Estrela no céu

Daniela Arfelli[35]

Semana passada estava com minha filha, de três anos, no parquinho. Brincávamos com as crianças que chegavam, que não eram muitas, pois no momento pandêmico, fomos privados de interação social.

De repente, apareceu uma menina, de seus seis anos, com muita vontade de interagir, começou a conversar conosco. Minha filha vibrava de alegria por brincar. Foi um momento de grande felicidade pueril.

Ficamos ali, rindo e tagarelando. Até que a menininha apontou a sua vovó, querendo apresentar para mim.

- Veja minha vovó Luísa, ali! – Exclamou com tamanha exatidão.

- Onde? Não estou vendo- questionei.

- Está ali, bem ali! – respondeu a menina.

- Olhei, atentamente, mas novamente não a vi.

- É a estrela mais brilhante do céu! – explicou a menininha.

Então, compreendi que as crianças têm um jeito peculiar de entender a partida de um ente querido. Assim, eu queria que fosse minha primeira crônica, tão brilhante como aquela estrela no céu. E tão pura como a alegria daquela menina.

[35] CGP dos Anos Finais da E.E. Assentamento Santa Clara

A dor da fome

Daniela Arfelli

Eu já senti a dor da fome. Passava tanta fome, que é impossível esquecer-se destes dias tão miseráveis. O estômago roncava a mil. Ouvia-se por longo tempo. Cessava apenas quando, milagrosamente, a galinha botava um ovo.

Ficava, pontualmente, esperando. Esperava... Esperava... Trocava olhares com a galinha. Meus olhos suplicavam que ela botasse, mas neste dia não botou. A dor da fome aumentou. Fome! Que fome!

Tive a grande ideia: convidar minha irmã para visitar a roça do vizinho. Ficava a quatro quilômetros da nossa casa. Fomos nos rastejamos, mas ao chegar lá toda canseira foi retirada. Apaixonei à primeira vista pelas gigantes melancias, as verdinhas abóboras e grandes espigas de milho verde. Tive a avassaladora vontade de comer. Apanhamos tudo muito rápido e fomos como burros de carga. Carreguei uma enorme melancia nas costas por quatro quilômetros. Cheguei a casa, com o olhar da satisfação, como o caçador quando traz a sua caça. Mamãe olhou para mim e rapidamente gritou:

- O que é isto? Onde arrumaram?

Puxando-me pelo cabelo fez-me confessar. Respondi prontamente:

- Peguei da roça do vizinho. Achei que iria gostar...

- Volte lá e entregue tudo a ele, eu não estou criando filha ladrona aqui!

Saímos chorando muito, o calor do final da tarde, a fraqueza, retornar nas costas com tudo aquilo mais quatro quilômetros. Senti como Jesus Cristo carregando a cruz, a humilhação, o cansaço. Tudo se misturava ao suor transcorrendo do meu rosto.

Depois de muita tortura chegamos à sede do sitio do vizinho. Pedimos muitas desculpas. Ele nos olhou com tanta compaixão, como Maria aos pés de Jesus, e, para nossa felicidade, carregou a carroça com muito mais e nos levou para casa.

Vida de Amélia

Daniela Arfelli

Amélia era seu nome de batismo. Mulher analfabeta, humilde e servil. Tinha um coração muito piedoso e sorriso largo. Estava com 42 anos e nunca tinha beijado ninguém. Achava que nunca iria se casar. Mas, como tudo acontece, não sei se Santo Antônio deu uma mãozinha. Sei que, de repente, encontrou sua cara metade - um homem que, de fato, tinha os predicativos que tanto sonhava: era como ela - honesto e da roça.

Foi amor à primeira vista. Não demorou muito tempo, já se casaram. Cerimônia simples, com vestido de noiva, véu e grinalda, com direito a arrasta-pé a noite toda. A similaridade do casal era marcante. Alma gêmea, mesmo. Se o marido fosse para a roça plantar milho, capinar, Amélia o acompanhava. Viviam na monotonia do campo. Eram felizes da maneira deles. O que mais Amélia poderia sonhar? Agora, tinha o seu pequeno pedaço de terra, suas vacas e a sua própria roça. Não precisa mais trabalhar na roça dos outros.. Tudo estava resolvido. Muitas vezes dizia: " Eita, vida boa! "

Queriam filhos, mas não os tiveram. A própria Amélia dizia que já havia casado madura demais, por isso não engravidava. E quando o casal comemorava o 6º ano de vida conjugal, o marido começou a queixar-se de muitas dores. Amélia, na sua inocência, dizia que bastava confiar em Deus que sararia. Mas, como as dores não cessavam resolveram procurar um médico.

O marido, infelizmente, sofria com problemas urinários. Iniciou o tratamento, no entanto já era tarde demais. Em menos de um mês, veio a óbito.

A dor assolou, dissipou a tranquilidade da vida de Amélia. Ela que não mexia com as finanças, porque não entendia. Vivia até aquele momento sem se preocupar com nada. Teve até dificuldade para pagar as despesas do funeral. O dinheiro do marido estava todo depositado em uma conta poupança da sogra. Ela nem sabia como fazer para retirá-lo no banco.

Não sabia o que fazer. Pediu ajuda aos vizinhos. "Meu Deus, o que será de mim agora?" Berrava de forma tão monossílaba e difícil de entender. Era tão simples, tão pura, tão submissa e cheia de poucos conhecimentos do mundo. Soube por conhecidos que poderia ter uma aposentadoria, porém não tinha ideia por onde começar.

Desde o dia do enterro, não conseguiu voltar para casa. Retornou à antiga casa dos pais. Dormia, agora, abraçada todas as noites com eles. Tremia....Tinha medo de dormir sozinha, tinha medo de enfrentar o mundo.

A ausência do marido foi se intensificando. Ela foi se fechando ainda mais para a vida. Vivia na invisibilidade. Vivia sem projetos de vida. Precisava procurar um advogado. Mas, como? Ninguém entendia o que dizia. Era lacônica.. Precisava aprender a ver o mundo. Precisava enxergar a vida, mas não sabia quem era, não sabia nada. Não tinha noção que sua vida era café frio. Desespero? Não! Nem sempre sabemos quem somos e quem podemos ser. Há na vida muitas Amélias que nem sabem que são Amélias.

As várias faces do amor

Daniela Arfelli

Os recém-casados viviam como um dia claro, de sol primaveril. O marido - jovem modesto, leal e trabalhador, contava-se com 24 anos. A esposa, mulata esperta, cativante, cor da canela e cozinheira de mão cheia. Seus dotes culinários incendiavam a vizinhança. O aroma dos mais variados e gostosos pratos baianos exalavam rua a fora. Quem experimentava, garantia ser a comida dos deuses.

A noite do casal era recheada de muito amor e sexo. O marido sempre chegava cedo do trabalho e dava toda atenção para a sensual mulata. Ela o enchia de prazer e comida boa. O jeito peculiar da morena passou a despertar instabilidade no cotidiano das senhoras, principalmente, das casadas da pequena cidadezinha interiorana.

A espontaneidade, da jovem mulher, jorrava dia a dia os desejos masculinos. Havia sempre alguém querendo degustar os pratos e o cheiro da morena.

Até que um dia, o marido chegou diferente, estava desempregado devido à falência da empresa. Em pouco tempo, já foi convidado para ser guarda noturno. Embora a bela jovem estivesse esperneando. O marido não cedeu aos seus apelos e caprichos. Aceitou sem hesitar o novo emprego.

A mulher passava noites e noites cheia de desejo, dizia que o cérebro derramava uma overdose de substâncias euforizantes no seu organismo. E o marido, não estava lá. Apesar de a mulata possuir um coquetel de libido prontinho para explodir. Resistiu à primeira cantada, o primeiro toque, as insinuações do vendedor de leite, as encaradas do padeiro da esquina. A resposta era sempre: "não". Tentava sempre bloquear os desejos que apoderavam seus pensamentos, mas pareciam tão naturais. Era óbvio que o marido, já, não correspondia às suas reais necessidades femininas. Era nítido, havia desejo sexual avassalador na jovem.

Até que um dia, ela ficou enfeitiçada. Deixou o padeiro entrar na sua casa. Coração acelerado, pernas trêmulas, pele acariciada, desejo insaciável de prazer aceso. Assim, deixou-se ser amassada, bruscamente, pelo padeiro. Ele a fez mulher como nunca havia sido.

Daquele dia em diante, tornaram-se amantes. Amavam-se loucamente todas as noites. Todavia, ainda não se sentia saciada. O marido não percebia, o que o amante notara, a mulata tinha olhos de cigana oblíqua e dissimulada. O amante resolveu fazer-lhe uma surpresa e chegar um pouco antes do horário não combinado. Para sua estranheza a casa estava fechada, no entanto notou certo ruído na janela do quarto.

Quem poderia ser? O marido da mulata, certamente, não era. Estava no trabalho neste horário.

Entrou, silenciosamente, pelos fundos como de costume. Possuía a cópia da chave. Foi se aproximando e quanto mais perto ficava, aumentava, ainda mais, os gemidos da mulata. Ao chegar no quarto, lá estava ela, enfeitiçada pelo açougueiro.

Não hesitou, puxou-a pelo cabelo e deu-lhe uma surra para lavar a honra. A polícia foi chamada. A vizinhança acompanhava cada momento. Até que a ambulância chegou e a levou para o hospital.

O marido fiel ao chegar pela manhã, não a encontrou em casa, estava hospitalizada e com muitos hematomas. Maria, rapidamente, contou-lhe tudo: o assalto em casa. As ameaças e tortura que sofreu dos assaltantes. O marido ficou compadecido da situação, tirou férias para cuidar da tão querida e estimada esposa. De fato, há mulheres que sabem amar!!!

Planta gente

Zuleika Sousa

Fui planta podada em qualquer tempo!
Mesmo sem tempo certo.
Pereci e sobrevivi
Lancei-me na direção da luz.

Fiquei forte,
Criei galhos,
Resisti.

Em cada galho cortado,
Nasceram muitos outros.
Deixando-me robusta e forte.

Cravei raízes profundas e firmes na terra.
Meu tronco? Sustentação.
Minha copa? Morada de Guaribas, Uirás e Acauãs.

Minha sombra?
Parada, descanso, reflexão.
Minhas sementes?
Alimento, vida!
Certeza de Continuidade.

Sou planta que foi podada em qualquer tempo.
Mesmo sem tempo certo.
Sobrevivi!

Águas Claras

Guariba

Corre, corre, pequenino! Acode a Terra!
Vou me embora céu acima, dessa vez!
A mancha negra corta o verde lá na Serra
De piche e pedra vão querer partir meu chão
Não abra mão das nossas terras pela seca
Mesmo que o tempo
Cresça praga em nosso chão
Amanhã, pode ser que as Águas Claras
Encham as valas e faça a plantação florir.
Que o riacho encha
Que o córrego seco mate a sede
Que as codornas voltem a cantar
Que seus filhos façam daqui e do meu espigão o seu lugar.

A sorte de Maria

Denize Arfelil[36]

Maria era excessivamente pensativa, ficava horas e horas refletindo sobre a vida, o que fazer, como fazer, qual seria seu melhor comportamento; chegava até a ferver o cérebro de tanto imaginação. Não tinha nenhuma vaidade, usava roupas simples e discretas, cabelos sempre presos; batom era raro usar.

Os pensamentos eram somente negativos, pensava que tudo poderia dar errado. Tinha medo de todos e de tudo. Medo de dirigir, pegar carona na garupa de uma moto. Bicicleta nem pensar, ônibus sentia-se sufocada e tinha muita falta de ar. Então, o jeito era ir ao trabalho a pé, tinha inúmeros guarda-sóis e guarda-chuvas.

Trabalhava por trabalhar, não tinha projeto de vida, exercia sua função como quem faz arroz e feijão todos os dias, não acrescentava nenhum ingrediente. Era aquilo e mais nada. Trabalhava no setor de limpeza ILLEROM LTDA, fábrica de calçados em Pacaembu, pequena cidade da Nova Alta Paulista.

Aos poucos, as pessoas ao seu redor foram se afastando e correndo dela. No trabalho quando chegava, todos cochichavam baixinho "lá vem a Maria Doida", vamos correr enquanto temos tempo!

A vida seguia seu percurso e Maria foi ficando pelos cantos: solitária, desiludida, ansiosa e sem nenhum entusiasmo. Era excluída de todas as conversas, presentes e confraternizações da fábrica.

A solidão virou doença, ia ao médico, fazia todos os exames, no entanto o exame físico não demonstrava nada. Ela não se conformava, como podia não ter dado nada, se doía todo o seu corpo. Já não dormia mais, seus olhos ficavam cheios de olheiras. Apresentava rosto pálido e muito cansado.

Sexta-feira à tarde, quando ela saia, toda tonta e atrapalhada do trabalho foi atropelada por uma carroça, deu de frente com o burro de Seu Pedro, testemunhas confirmaram que a carroça estava em alta velocidade. Maria ficou toda machucada, sangrando e chorava, desesperadamente, até chegar a ambulância.

Seu Pedro ficou muito chateado, apavorado quase sem voz a acompanhou na ambulância para saber exatamente o estado da quarentona, enquanto alguns amigos recolheram as frutas que trazia à cidade para vender, o chapéu, o burro e a carroça.

---

[36] Professora convidada.

Após o atendimento, saiu Seu Pedro sozinho porque Maria ficou internada. Quebrou a perna esquerda e o braço direito. Coitada!!!

No outro dia, na hora da visita, lá estava Seu Pedro com as frutas e o doce de abóbora, porque Maria não tinha parentes na cidade e nem amigos.

Segunda-feira, Maria teve alta e foi direto para o sítio de Seu Pedro e de lá nunca mais voltou para trabalhar na fábrica. As fofoqueiras da cidade comentaram que ela sarou, está gorda e vive cantarolando em cima da carroça, ajudando Seu Pedro a vender frutas. Algumas juram que viram os dois se beijando.

Segredos para casamento durar

Denize Arfelli

Meu marido e eu temos segredos,
Muitos segredos!
Segredos para o casamento durar.

Eu moro em São Paulo,
Ele no interior.
Eu gosto de apartamento.
Ele, casa com piscina e churrasqueira.

Eu faço surpresas.
Ele pula de sustos.
Eu canto.
Ele dança.

Enquanto ele distrai tomando cerveja,
Eu vibro lendo Luís Fernando Veríssimo.

Eu teimo,
Ele silencia,
Eu tomo café,
Ele vitamina de mamão.

Eu gasto,
Ele economiza.
Eu gosto de moda,
Ele prefere estilo.

Ele tem um segredinho louco:
"quando saímos juntos
Ele segura bem forte a minha mão,
Faz juras de amor
Para que eu não saia
Correndo para as compras".

Ah, que delícia!
Nas diferenças, aprendemos!

E juntos sentimos o calor do beijo,
O toque das mãos,
O Cheiro,
O gosto do amor verdadeiro.

Som de samba

José Manoel Filho[37]

Sou louco por som de samba

Da alma crioula se fez o gingar

O samba não vai morrer

O samba não vai acabar

Gafieira, breque e exaltação

Enredo, pagode, samba-canção

Tan-tan, tamborim, pandeiro e cavaquinho

Cartola, Ary, Chico e Martinho

Da vila, do morro ecoa o samba

Que ao mundo ensinou o batucar

O mundo inteiro é bamba

Gira, dança, canta e ama.

"Se é devagar, devagarinho

Que a gente chega lá

Não permita Deus que eu morra"

Sem antes aprender sambar

---

[37] Professor e Maestro

Na glória do senhor (Canção da cura)

José Manoel Filho

Não há dor que possa me afastar de ti

Nem problemas poderão me impedir

De alcançar Senhor, tua misericórdia

A força que me ajuda a seguir

A esperança que circunda a minha vida

Alimenta a alma e encontro a saída

A saída do abismo da enfermidade

Pois eu creio em ti, em espírito e em verdade

Cura-me Senhor! Me entrego em tuas mãos

Acalme as tempestades do meu coração

Ainda que a incerteza me amedrontar

Jamais eu deixarei de acreditar

No vale da escuridão por muito tempo andei

A fé me iluminou e teu caminho encontrei

A cura do Senhor eu quero alcançar

Na glória do Senhor desejo estar

Este livro é resultado das produções escritas de educadores, estudantes e convidados, que produziram seus textos durante o ano de 2022.

São poemas, artigos de opinião, relatos de experiências e frases filosóficas. A obra apresenta reflexões do cotidiano, é destinada a todos os públicos: crianças, jovens e adultos.

Referências

CANDIDO, Antônio. O direito à literatura – In_____ Vários escritos. São Paulo: Duas cidades, 2004. P. 169-191.

LISPECTOR, C. Um sopro de vida. Rio de Janeiro: Rocco, 1999a.

SOARES, Magda. Letramento e alfabetização: as muitas facetas. 26ª Reunião Anual da Anped, 2004.

Printed by Books on Demand GmbH, Norderstedt / Germany